PORTRAIT D'ATTILA.

PORTRAIT D'ATTILA,

PAR Mme LA BARONNE DE STAËL-HOLSTEIN;

Suivi d'une Epître à M. DE SAINT-VICTOR sur les sujets que le règne de Buonaparte offre à la poésie.

PAR LOUIS AIMÉ MARTIN,
Auteur des LETTRES A SOPHIE.

Il n'a vécu que pour tromper, il n'a trompé que pour régner, il n'a régné que pour détruire.

PARIS,

A LA LIBRAIRIE STÉRÉOTYPE, RUE DE SEINE, N° 12,
HÔTEL DE LA ROCHEFOUCAULT.

M. D. CCC. XIV.

AVERTISSEMENT.

J'avois recueilli quelques matériaux relatifs à la tyrannie de Buonaparte; l'excellent ouvrage que M. de Chateaubriand vient de publier me dispense d'achever le mien. Cet illustre écrivain a su peindre les douleurs de toute une nation: son livre est le tableau de nos malheurs; mais il est aussi celui de nos espérances. Je me réjouis donc d'avoir été prévenu par un écrivain d'un mérite aussi supérieur: les grands talens aident les grandes révolutions, et j'ai senti que ma foiblesse ne me permettoit que d'y applaudir.

Cependant, appelé à professer la littérature à l'Athénée de Paris, je n'ai pas dû passer sous silence l'événement inouï qui vient d'étonner l'Europe; mais mon cœur, ému par le souvenir des Bourbons, s'est refusé à peindre tout ce qui n'étoit pas le bonheur. C'est alors que j'ai eu l'idée de citer le portrait d'Attila, tracé par Mad. de Staël dans un ouvrage que Buonaparte fit supprimer, et dont il ne reste que l'exemplaire que j'ai sous les yeux. Les réflexions qui suivent ce morceau ont été lues à l'Athénée, dans ma séance du 7 avril 1814; et cette séance a été terminée par la lecture d'une Epître composée en 1811, et adressée à mon ami, M. de Saint-Victor. Nous espérions alors; aujourd'hui, tous nos vœux sont comblés. Je puis donc assurer que la plus vive reconnoissance a dicté les vers qui terminent aujourd'hui cette Epître, et qui sont un hommage aux augustes Souverains dont les armes viennent de sauver la France.

PORTRAIT D'ATTILA,

PAR MADAME LA BARONNE
DE STAEL - HOLSTEIN.

———

. . . .

Enfin il paroît, ce terrible Attila, au milieu des flammes qui ont consumé la ville d'Aquilée ; il s'assied sur les ruines des palais qu'il vient de renverser, et semble à lui seul chargé d'accomplir en un jour l'œuvre des siècles. Il a comme une sorte de superstition envers lui-même ; il est l'objet de son culte, il croit en lui, il se regarde comme l'instrument des décrets du ciel, et cette conviction mêle un certain système d'équité à ses crimes. Il reproche à ses ennemis leurs fautes, comme s'il n'en avoit pas commis plus qu'eux tous ; il est féroce, mais c'est un barbare qui veut paroître généreux ; il est desposte, mais sa fermeté n'est que dans le crime ; enfin au milieu des richesses du monde, il vit comme un soldat, et ne demande à la terre que la jouissance de la conquérir.

L'histoire de ce *fléau de Dieu* ne présente qu'un trait : la destruction. Un seul homme multiplié par ceux qui lui obéissent, remplit d'épouvante l'Asie et l'Europe. Quelle image gigantesque de la volonté absolue, ce spectacle n'offre-t-il pas !

Souvent il remplit les fonctions de juge; il veut faire croire à son génie plutôt qu'à sa justice, et cependant il est juste toutes les fois qu'il faut verser du sang. Il condamne son ami, coupable de parjure, l'embrasse, et ordonne qu'à l'instant il soit déchiré par des chevaux : l'idée d'une nécessité inflexible le dirige, et sa propre volonté lui paroît à lui-même cette nécessité. Les mouvemens de son âme ont une sorte de rapidité et de décision qui exclut toute nuance ; il semble que cette âme se porte comme une force physique irrésistiblement et toute entière dans la direction qu'elle suit. Enfin on amène devant son tribunal un fratricide; et comme il a tué son frère, il se trouble, et refuse de juger le criminel. Attila, malgré tous ses forfaits, se croyoit chargé d'accomplir la justice divine sur la terre, et, prêt à condamner un homme pour un attentat pareil à celui dont sa propre vie a été souillée, quelque chose qui tient du remords le saisit au fond de l'âme.

Lorsqu'après avoir défait les troupes de l'empereur Valentinien, Attila s'avance sous les murs de Rome, il rencontre sur sa route le pape Léon, porté sur un brancard, et précédé de la pompe sacerdotale. Léon le somme de ne pas entrer dans la ville éternelle. Attila ressent tout-à-coup une terreur religieuse jusqu'alors étrangère à son âme. Il croit voir dans le ciel saint Pierre qui, l'épée nue, lui défend d'avancer. Cette scène est le sujet d'un admirable tableau de Raphaël. D'un côté, le plus grand calme règne sur la figure du vieillard sans défense, entouré par d'autres vieillards qui se confient comme lui, à la protection de Dieu ; et de l'autre, l'effroi se peint sur la redoutable figure du roi des Huns ; son cheval même se cabre à l'éclat de la lumière céleste, et les guerriers de l'invincible baissent les yeux devant les cheveux blancs du saint homme, qui passe sans crainte au milieu d'eux.

Un célèbre poëte allemand, Werner, a très-bien exprimé la sublime intention du peintre. Attila, les yeux tournés vers le ciel et contemplant l'apparition qu'il croit voir, appelle Edécon, l'un des chefs de son armée, et lui dit :

« Edécon, n'aperçois-tu pas là haut un géant
» terrible ? Ne l'aperçois-tu pas là au-dessus de
» la place même où le vieillard s'est fait voir à
» la clarté du soleil ? »

EDÉCON.

« Je ne vois que des corbeaux qui se préci-
» pitent en troupe sur les morts qui vont leur
» servir de pâture. »

ATTILA.

« Non, c'est un fantôme; c'est peut-être
» l'image de celui qui peut seul absoudre ou
» condamner. Le vieillard ne l'a-t-il pas prédit?
» Voilà ce géant dont la tête est dans le ciel, et
» dont les pieds touchent la terre; il menace de
» ses flammes la place où nous sommes; il est là
» devant nous, immobile; il dirige contre moi,
» comme un juge, son épée flamboyante. »

EDÉCON.

« Ces flammes, ce sont les feux du ciel qui
» dorent dans ce moment les coupoles des
» temples de Rome. »

ATTILA.

« Oui, c'est un temple d'or, orné de perles,
» qu'il porte sur sa tête blanchie; d'une main il
» tient l'épée flamboyante, et de l'autre, deux
» clefs d'airain, entourées de fleurs et de rayons;
» deux clefs que le géant a reçues sans doute des
» mains de Wodan, pour ouvrir ou fermer les
» portes du Walhalla. »

Tel est le portrait d'Attila, dans lequel le tyran de la France crut se reconnoître, et qui fit supprimer tous les exemplaires du bel ouvrage sur l'Allemagne de Mad. de Staël-Holstein (1). Chose

---

(1) Cette femme célèbre doit à ses grands talens les persécutions qu'elle a éprouvées. Le tyran craignoit les regards perçans du génie, et il éloignoit de lui tout ce qui n'étoit pas avili, ou médiocre.

merveilleuse ! Sa conscience, qui ne pouvoit lui donner un seul remords, lui inspiroit, par un dernier effort la frayeur d'être reconnu dans le portrait du *fléau de Dieu*. Mais ce qui alors eut frappé les regards de tous les Français tremblans ne leur paroîtra plus aujourd'hui qu'une foible esquisse du caractère le plus froidement atroce dont l'histoire offre l'exemple. Délivrés de leurs chaînes pesantes, libres de témoigner enfin toute l'horreur que leur inspiroit un monstre, les Français ont tout à coup élevé une voix terrible contre celui qui les égorgeoit. Pendant sa fausse gloire, on l'écrasoit sous le poids des fausses louanges; on l'écrase aujourd'hui sous le poids de la vérité. Les rues sont tapissées des tableaux de ses infamies. Ces récits étonnent même les méchans. Ici l'exagération ne peut atteindre la vérité. Ce n'est point une ville, un royaume, un peuple qui déteste ses forfaits, c'est l'Europe, c'est l'Univers entier qui se lève contre lui. Ce n'est point la haine qui parle, c'est la douleur, c'est la conscience. Eh ! qu'elle est respectable la conscience de toute une nation qui, revenue de ses erreurs, honteuse de son esclavage, se relève de son abaissement par l'aveu de ses fautes, et ne redevient libre que pour rappeler ses légitimes souverains !

Mais pourquoi présenter sans cesse ces tableaux odieux ? Pourquoi toujours parler de cet homme qui ne sait pas mourir, et qui cependant a passé sa vie à conduire des hommes à la mort? Ah! que le bonheur dont nous voyons l'aurore nous rende à la pitié. N'insultons point aux débris de l'idole que nous avons brisée. Un règne de félicité doit faire oublier un règne de sang. Ne flétrissons pas notre joie par des souvenirs atroces. Imitons Alexandre, imitons Guillaume, imitons l'Autriche et l'Angleterre, sachons pardonner, et nous goûterons un bonheur qui semble depuis long-temps inconnu à la France.

Mais un autre sentiment doit remplir tous les cœurs. Le bonheur est pour les Français le signal de la reconnoissance. A ce mot est-il besoin de nommer Alexandre, ce sauveur, ce héros, ce père qui par sa bonté efface en un moment vingt années de désastres et de douleurs. Courbé dès ma plus tendre jeunesse sous le fer de la tyrannie; toujours en présence du vice triomphant; accoutumé à ne voir que des crimes, et des crimes heureux, j'apprenois chaque jour à mépriser les hommes. Je croyois que la vertu n'étoit qu'un vain nom, et l'exemple d'un siècle entier ne me confirmoit que trop dans ma funeste erreur. Tout-à-coup un souverain dont nous avions dévasté les Etats, incendié les villes, insulté, égorgé les sujets, s'avance au milieu de nous avec la modération d'un sage et les sentimens d'un père. On est forcé en le voyant de croire à la vertu. Sa

générosité étonne, sa gloire éblouit, et sa bonté touche les cœurs; il brise les chaînes de ceux qui avoient voulu l'asservir, il épargne notre sang au prix de celui de ses soldats, il nous rend heureux enfin comme pour accomplir ces paroles mémorables et prophétiques de Montesquieu :
« Le nord de l'Europe est la fabrique des ins-
» trumens qui brisent les fers forgés au midi.
» C'est là que se forment ces nations vaillantes
» qui sortent de leurs pays pour détruire les
» tyrans et les esclaves, et apprendre aux hommes
» que la nature les ayant fait égaux, la raison
» n'a pu les rendre dépendans que pour leur
» bonheur (1). »

Il semble que la Providence en faisant naître à la même époque, au nord et au midi, deux hommes fameux, l'un par ses crimes, l'autre par ses vertus, ait voulu nous donner un exemple du plus parfait des contrastes. Accordons au premier la gloire du meurtre, des batailles, des conquêtes; au second, la simple bonté et les sentimens les plus généreux ; pesons les destinées du conquérant avec celle du père, du sauveur d'un peuple, et jugeons par nos seules émotions lequel des deux sut atteindre à la véritable grandeur. Le souvenir de Henri IV fait encore couler nos larmes, non parce qu'il sut conquérir son

---

(1) *Esprit des Lois*, liv. 17, chap. 5.

peuple, mais parce qu'il sut le rendre heureux. Sa gloire est dans sa bonté, et c'est aussi dans la bonté qu'Alexandre a placé la sienne. O France ! heureuse France ! sois donc indulgente comme le héros qui t'a délivrée : c'est un des grands pouvoirs de la vertu d'effacer par sa présence les plus cruels souvenirs. Elle fait oublier le mal, parce qu'elle ne s'occupe que du bien. En remplissant les cœurs des plus douces émotions, elle en chasse tout ce qui n'est pas elle. Sa gloire, ses bienfaits, sa joie restent seuls, et l'on ne se souvient plus du mal que pour le pardonner.

Ah ! puisse le beau nom d'Alexandre s'unir à jamais à celui du fils de Saint-Louis. Puissent toutes les nations amies mettre la gloire dans la paix, comme elles l'avoient mise dans la guerre ! Puissent enfin les Bourbons en revoyant nos murs ne point oublier que s'ils furent arrosés du sang de leur père innocent, ils le furent aussi des larmes du repentir, et que chaque soir en tournant ses regards vers les champs hospitaliers de l'Angleterre, il n'est pas un Français qui, le cœur plein d'espérance, ne répéta ces vers de Voltaire (1) :

<blockquote>
Oui, le sang des Bourbons est toujours adoré ;
Tôt ou tard il faudra que de ce tronc sacré
Les rameaux divisés et courbés par l'orage,
Plus unis et plus beaux soient notre unique ombrage.
</blockquote>

---

(1) *Adélaïde Duguesclin*, act. 2.

ÉPITRE

A M. DE SAINT-VICTOR,

Sur les sujets que le Règne de Buonaparte offre à la Poésie, composée en 1811.

Les Muses nous ont fui; tristes et délaissées,
Rien de grand de nos jours n'éveille leurs pensées.
Eh! que dire en effet de ce siècle odieux?
Faut-il de nos vertus remercier les Dieux?
On ne croit plus aux Dieux, on rit de leur puissance,
Dans leurs temples déserts règne un profond silence;
On ne croit plus aux Dieux, et la triste Vertu
Pleure sur les débris de leur trône abattu.
Faut-il, de Juvénal invoquant le génie,
Proclamer notre honte et notre ignominie?
Offrir à la risée, au mépris des mortels,
Ces lâches courtisans, déserteurs des autels;
Peindre notre jeunesse, ignorante et stupide,
Seulement de débauche et de meurtres avide?
Ah, mon cœur se refuse à ces hideux tableaux!
— Eh bien! d'autres sujets s'offrent à tes pinceaux.
Peins de notre Attila les fureurs et les crimes,
Essaie en frémissant de compter ses victimes.

Montre tout l'Univers tremblant à ses genoux,
Et mourant dans ses fers sans fléchir son courroux.
Vole, prends ton essor, ranime tes pensées,
Et dis des potentats les grandeurs abaissées.
— Moi, pour des conquérans j'élèverois la voix !
Je noircirois mes vers de leurs affreux exploits !
Ah ! dussé-je irriter leur funeste puissance,
Dussé-je voir punir ma haine et mon silence,
Ma Muse, en s'indignant de leurs noirs attentats,
Même pour les flétrir ne les nommera pas.
L'art de verser du sang est-il donc si sublime ?
A chanter son bourreau force-t-on la victime ?
Exécrables tyrans vomis par les Enfers,
Tandis qu'avec fureur ils nous chargent de fers,
La pâle Mort les suit, elle fait leur victoire,
Et venge l'Univers qui maudit leur mémoire.
Que sont-ils devenus ces guerriers, ces vainqueurs,
De l'Europe avilie infâmes oppresseurs !
Hier, ils s'avançoient pleins de force et d'audace ;
Hier, leurs fronts souillés respiroient la menace,
Hier, ils étoient rois, et leurs sanglantes mains
Enrichissoient la mort des pertes des humains.
Tout-à-coup l'Univers, fatigué de carnage,
S'étonne de souffrir un aussi long outrage ;
Et ces fiers conquérans, de la poudre tirés,
Sont enfin, pour jamais, dans la poudre rentrés.
Périssent les héros et leur gloire effroyable !
Le plus fameux guerrier n'est qu'un heureux coupable.

Qu'oses-tu dire ? O ciel ! et quelle est ton erreur ?
Crois-moi, plus d'un héros fut guidé par l'honneur.
Ce Henri, ce Bayard, ce Condé qu'on admire,
Ont-ils frappé, détruit, dévoré quelque Empire ?
Qu'ont-ils fait dont on puisse accuser leurs vertus ?
Ils ont gardé nos murs, ils nous ont défendus.
Faudra-t-il les punir d'avoir, par leur vaillance,
Renversé des remparts qui menaçoient la France ?
Et faut-il reprocher, dans un fougueux transport,
Au grand Condé sa vie, à Turenne sa mort ?
Ah, bénissons plutôt leur valeur redoutable !
Qui défend son pays ne peut être coupable.
Si tu crains cependant que tes foibles pinceaux
Ne puissent nous offrir les traits de ces héros ;
A chanter les combats, si ta Muse préfère
Chanter la douce paix du vallon solitaire,
Peins la verte prairie et l'or de nos moissons ;
Dis les travaux des champs, raconte les saisons ;
Au temple de la Gloire ose invoquer Delille,
Dérobes, comme lui, quelques fleurs à Virgile ;
Et, sous un vert feuillage animant tes pipeaux,
Fais passer dans tes vers tous ces rians tableaux.
Non, ces conseils flatteurs ne peuvent me séduire.
Si dans cet art divin un dieu daignoit m'instruire,
Je ne chanterois point les bois et les vergers ;
Mes vers ne diroient point les travaux des bergers.
On riroit de me voir grossir la foule obscure
De tous ces froids rimeurs de la belle nature,

Qui, s'endormant au bruit de leurs chants descriptifs,
Nous peignent la campagne en vers imitatifs ;
Font sous un char pesant ployer l'essieu qui crie ;
Comptent toutes les fleurs qui parent la prairie ;
Et, l'oreille attentive au murmure de l'eau,
Vont chercher, pour rimer, la nymphe du ruisseau.
Je vois, me diras-tu, que ta Muse sévère,
Au milieu des bergers n'a point l'art de se plaire,
Ou qu'elle craint plutôt, dans son obscurité,
De chanter un sujet que Delille a chanté.
Ah ! si, favorisé du dieu de l'harmonie,
Si, de son feu sacré ranimant ton génie,
Tu pouvois tout-à-coup offrir à nos regards
Ces mortels inspirés créateurs des beaux-arts ;
Ces sages qui, marchant loin des routes tracées,
Nous ont fait héritiers de toutes leurs pensées ;
Je voudrois voir alors ton vers audacieux
Suivre le grand Newton dans les hauteurs des cieux ;
Le peindre triomphant au bout de sa carrière,
Et, dans un pur cristal appelant la lumière,
Déployer tout-à-coup à nos regards surpris
Les riantes couleurs de l'écharpe d'Iris.
Mais, si tu veux encor de plus brillans spectacles,
Peins ce siècle fameux si fertile en miracles :
Molière, avec gaîté châtiant nos erreurs,
Se moquant de Paris pour corriger ses mœurs ;

Melpomène, dictant les vers du grand Corneille ;
Racine, d'Athalie enfantant la merveille (1);
Bossuet, proclamant, d'une éloquente voix,
Le néant des grandeurs sur le tombeau des rois,
Et, le front couronné d'une palme immortelle,
Implorant pour ces rois la clémence éternelle.
Hélas! ces jours fameux sont passés pour jamais,
Et ce siècle, en fuyant, emporte nos regrets.
Ah, dans mes chants sacrés que ne peut-il renaître !
Muses, pour nos neveux faites-le reparoître.
Venez offrir soudain à nos yeux éblouis
Tous les enchantemens du siècle de Louis.
Célébrez ses bienfaits, sa gloire, son empire.
Mais quoi! déjà ma main laisse échapper la lyre.
Au grand nom de Louis j'ai vu couler tes pleurs,
Et ces beaux souvenirs accroissent nos douleurs.
C'est en jugeant alors notre siècle éphémère,
Que je sens dans mon cœur s'éveiller la colère :
Je brûle d'opposer à ces savans esprits
Tous nos petits auteurs de plus petits écrits ;
Ceux qui, charmant les sots de leur prose pompeuse,
Vont mendier chez Corsse une gloire honteuse ;

---

(1) Lorsque j'ai fait ce vers, je ne connoissois pas l'Epître de Chenier dans laquelle je l'ai retrouvé depuis. J'ai vainement essayé de le remplacer, et je me suis décidé à le laisser tel qu'il est, en avertissant cependant mes lecteurs de cette rencontre.

Ceux qui, traînant leurs vers au Théâtre Français,
Depuis vingt ans entiers occupent les sifflets ;
Ces nombreux bataillons d'auteurs mélancoliques,
Qui vont toujours rêvans sous des voûtes gothiques ;
Ces journaux impudens, par la rage dictés,
Dont on offre à la peur les feuillets effrontés.
Enfin, tous ces rimeurs sans talens et sans gloire,
Qui vantent des forfaits dont s'étonne l'histoire,
Et, dans l'abaissement d'un transport insensé,
Rendent grâce au tyran du sang qu'il a versé.
Ne crois pas que j'oublie, en ce tableau du crime,
Les travaux des savans et leur gloire sublime ;
Ils ont bien surpassé ce siècle merveilleux
Où Newton dévoiloit les mystères des cieux :
Qui ne connoît les fruits de leurs illustres veilles ?
Dieu n'est plus qu'un vain mot qui frappe nos oreilles ;
L'homme sait qu'au cercueil il entre tout entier ;
Du plus mince pédant le plus mince écolier,
Niant le Créateur dans un livre frivole,
Ose accuser d'erreur un Pascal, un Nicole,
Et fier de son savoir, plus que de sa raison,
Insulte à Bossuet et rit de Fénélon.
Que dis-je? Il n'est pas vrai qu'il ait cessé de croire,
Quand sur lui-même il pense emporter la victoire,
Le doute veille encor dans son cœur orgueilleux,
Et crie à chaque instant : N'est-il donc point de Dieux ?

Descendez à ma voix de la voûte éthérée,
Sages dont la mémoire est encor révérée ;

Vous qui, pour l'honorer d'un culte solemnel,
Inclíniez votre front en nommant l'Eternel,
Et dont l'âme aujourd'hui, dans le séjour des Anges,
En présence de Dieu célèbre ses louanges,
Bossuet, Fénélon, descendez à ma voix ;
Venez de nos Titans contempler les exploits ;
Venez voir les succès de leur doctrine impie ;
Ils ont commis le crime, et l'Univers l'expie.
Venez voir la Vertu pleurant sur un cercueil,
Et la Religion, en vêtement de deuil,
Honteuse des écrits que nos sages publient,
Prête à quitter la terre, où les hommes l'oublient.

Et voilà les sujets que ce siècle d'erreurs
Offre aux foibles pinceaux de nos foibles auteurs !
Qu'on ne s'étonne plus de notre peu de gloire ;
On n'ouvre point ainsi le temple de mémoire :
Quand Racine voulut, en vers harmonieux,
Répéter de Sion les chants mélodieux,
Son âme, tout-à-coup vers le ciel élancée,
Aux pieds de l'Eternel éleva sa pensée.
Où chercher aujourd'hui le Dieu de l'Univers ?
Les Cieux étoient son temple ; et les Cieux sont déserts.
L'homme voit en mourant le néant qui l'appelle,
Et son âme a cessé de se croire immortelle.

Toi qui, dans tes écrits, as toujours combattu
Ce système odieux, funeste à la vertu,
Et dont les vers heureux à notre âme ravie,
Rappellent ce bon goût que notre siècle oublie,

Saint-Victor, c'est à toi d'éclairer mon esprit :
Ma Muse à tes conseils doit son premier écrit.
Faut-il frapper l'impie, et venger la sagesse ?
Faut-il des grands du jour dévoiler la bassesse,
Et, dans mes vers sanglans, mais pleins de vérité,
Dénoncer notre siècle à la posterité ?
Ou faut-il, comme toi, pour consoler la France,
Chanter en vers divins la divine Espérance ;
Seule divinité fidèle à nos malheurs,
Et qui nous accompagne *en essuyant nos pleurs.*

 Elle vient ! je la vois, de gloire environnée,
Descendre, en souriant, sur la terre étonnée !
Fleurs, embaumez les airs des parfums les plus doux ;
Chantez, joyeux oiseaux ; forêts, inclinez-vous !
Que la terre, soudain, se couvre de feuillages,
L'Espérance a paru sur nos tristes rivages,
Et déjà les mortels, renaissans au plaisir,
Ont vu se dévoiler un heureux avenir.
Ils viendront ces beaux jours de paix et d'innocence,
Jours mille fois heureux, promis par l'Espérance,
Où, peut-être, à son tour, la timide Vertu
Verra le crime affreux à ses pieds abattu.

 Ainsi, quand le tyran s'accroissoit par la guerre ;
Quand de sa gloire affreuse il fatiguoit la terre,
Dans le sein d'un ami j'épanchois mes douleurs :
Nous parlions de Louis, et nous versions des pleurs.
O France ! heureuse France ! ô ma belle patrie,
Relève de tes lis la tige encor fleurie !

Des Rois se sont armés pour t'apporter la paix,
Louis est avec eux, c'est un de leurs bienfaits.
Mais un cri de bonheur vient de se faire entendre !
La joie a répété le grand nom d'Alexandre !
Alexandre ! à ce nom tous les cœurs sont émus !
Il fait croire à l'honneur, il fait croire aux vertus !
C'est un Héros vainqueur, c'est un Roi, c'est un Père,
Bienfaiteur des Français, et vengeur de la terre !
Guillaume à ses côtés, sensible à nos douleurs,
D'un peuple tout entier vient essuyer les pleurs.
Leurs vertus doivent faire oublier tous nos crimes ;
Pardonnons aux bourreaux, et pleurons les victimes.
Pour notre belle France un nouveau jour a lui,
Bourbon va reparoître, et l'honneur avec lui.
Ainsi, lorsque l'hiver, les frimas, les ténèbres,
Enchaînent le soleil sous leurs voiles funèbres,
L'Univers attristé demande son retour :
Il n'est plus, c'est la nuit ; il paroît, c'est le jour ;
Et la terre, soumise à sa douce influence,
Se couvre de moissons, qu'embellit l'espérance.

De l'Imprimerie de Le Normant, rue de Seine, n°. 8.

www.ingramcontent.com/pod-product-compliance
Lightning Source LLC
Chambersburg PA
CBHW060450050426
42451CB00014B/3243